AF366403

MI LUCHA POR LA VIDA.
MI INFANCIA

ExLibric

CARMEN PIEDAD HERRERA

MI LUCHA POR LA VIDA.
MI INFANCIA

EXLIBRIC

ANTEQUERA 2019

CARMEN PIEDAD HERRERA

MI LUCHA POR LA VIDA.
MI INFANCIA

*Por una sociedad donde el futuro de nuestros
pequeños no esté en manos de violadores.*

*A la memoria de mi papá, mamá,
hermanos, cuñadas y sobrinos/as.*

Índice

A modo de introducción

La OMS, en 2002, definió el abuso sexual a menores como «una acción en la cual se involucra a un menor en una actividad sexual que él o ella no comprende completamente y para la cual no tiene capacidad de libre consentimiento o su desarrollo evolutivo (biológico, psicológico y social) no está preparado o, también, que viola las normas o preceptos sociales».

Por su parte, Loredo, en 2004, ante la National Center of Child Abuse and Neglect, contempló este tipo de abuso sexual del siguiente modo: «Contactos e interacciones entre un niño y un adulto (agresor), quien usa al niño para estimularse sexualmente él mismo, al niño o a otra persona».

Igualmente, el ICBSF colombiano, en la misma línea, planteó en 2007 que el abuso sexual sobre la infancia «va más allá del contacto físico e incluye las siguientes manifestaciones, que pueden perjudicar psicológicamente a un niño en lo que respecta a su temperamento y personalidad, además de aspectos psicosomáticos y psicopatológicos reflejados a nivel personal, familiar y social de forma inmediata y mediata: el incesto, la violación, el tocamiento o manoseo a un niño o niña, con ropa o sin ella, alentar o permitir a un niño o una niña que toque de manera inapropiada a un adulto y el abuso sexual sin contacto físico como seducción verbal, solicitud indecente, realizar actos sexuales en presencia de los niños o las niñas, la masturbación, la pornografía, la exhibición de los genitales o gestos sexuales para obtener gratificación sexual espiándolos mientras se visten, bañan o realizan sus necesidades en el baño».

Cualquiera de las prácticas descritas, pues, en los tres enunciados anteriores es constitutiva de abusos y debería ser desterrada de nuestra sociedad con el fin de preservar y garantizar el normal desarrollo emocional del estamento más débil y vulnerable de aquella: las niñas y los niños de cada país.

Los gobiernos y los Estados, a fecha de hoy, parecen haber tomado una mayor conciencia del problema y su importancia, articulando medidas y mecanismos para evitar, en lo posible, que se produzcan las situaciones que se denuncian.

Sin embargo, y por desgracia, hay algo que los Estados y los gobiernos no pueden cambiar por mucho que quieran: la mentalidad que, por edad, les corresponde a niñas y niños víctimas de abusos sexuales. Esa permanece invariable e indiferente a las leyes que se promulguen. Las víctimas no asumirán la realidad de los hechos en que su agresor les obligó a participar hasta pasados unos años. Será entonces cuando surgirá el verdadero problema.

No digo, como apunto en el último capítulo del libro, que la solución que yo di a mi situación fuera la correcta ni la aconsejable. Seguro que había otras, pero yo no las vi y fue la que fue. Y, como también afirmo al final del capítulo, no me arrepiento de ella en absoluto.

La autora

Mi nombre es Carmen

Hola, mi nombre es Carmen y nací hace algo más de cuarenta años en una conocida población costera andaluza, de esas que a menudo ocupan las portadas de periódicos y revistas y cadenas de radio y televisión.

Ya les he dicho mi edad y mi lugar de procedencia. Ahora toca entrar en materia: la razón de este libro. No pretendo en él significarme como un modelo al que seguir en situaciones parecidas a las que voy a describir. No soy (afortunadamente) perfecta y si en algo creo fervientemente es en el esfuerzo y en avanzar a través de la autoestima.

Quede claro, pues, que no quiero convertir estas páginas en oráculo ni guía para nadie. No al menos en el sentido estricto de la palabra. Su intención, simplemente, es promover la reflexión ante acontecimientos incómodos o no deseados y extraer las energías positivas que nos ayuden a cerrarlos convenientemente. Es decir, la reflexión necesaria para analizar todo aquello que nos afecte, darle la dimensión que realmente tiene y, una vez delimitado el problema y definida la medida en que nos afecta, extraer esa energía.

Sin embargo, hay en nuestras vidas una etapa en que somos especialmente vulnerables y en la que no contamos, por desconocerlos, con los medios adecuados para afrontar ese tipo de situaciones que nos superan y que con el tiempo, si no se resuelven y llegan a enquistarse, pueden ser causa de graves alteraciones de conducta.

Supongo que lo tienen claro. Sí, estoy hablando de la niñez. Y es precisamente de mi niñez de lo que voy a hablar en este libro. De esa etapa de mi vida cuyo capítulo comienza cuando apenas tengo cinco años y se cierra cuando cumplo los catorce.

Recuerdo la casa en que crecí como una casa sencilla, sin lujos, propia de una familia de la época, cuyos ingresos permitían simplemente sobrevivir.

¿Mi padre? Me quería. No puedo decir lo contrario. Era la pequeña de cuatro hermanos y, en cierta medida, eso decantaba la balanza a mi favor. No digo que a mis otros hermanos no los quisiera, nada de eso, pero ya eran mayores cuando mi cigüeña aterrizó en casa y dos de ellos no tardaron en emanciparse. Así que me convertí en la «peque» de la casa y ello se notaba en su relación conmigo.

Pero, como suele ocurrir en casi todas las familias, había un «pero» en él, en mi padre, que no puedo ocultar por obvio. Mi padre era alcohólico. Jamás sus estados de embriaguez me causaron daños físicos. Nunca me puso la mano encima, pero las discusiones con mi madre en esos momentos eran altamente desagradables y, aunque tampoco nunca llegaron a agredirse, la violencia verbal entre ellos era tal que siempre temía que sus trifulcas pudieran desembocar en algo peor, lo que me causaba una gran intranquilidad, una angustia que solo cesaba cuando en la cama me vencía el sueño. Eso cuando no me despertaba, asustada, en mitad de la noche, por una pesadilla cuyos protagonistas eran mis padres y sus disputas subidas de tono.

Todo transcurría con normalidad: el desayuno, el colegio, los juegos con mis amigas… Todo se revestía de normalidad hasta que, cercana la hora de la cena, mi padre llegaba a casa. ¡Cómo odiaba ese momento! Si no había bebido, igual no pasaba nada y reinaba la calma aunque el ambiente, por la relación que tenían mi madre y él, estuviera tenso. Su sobriedad no ofrecía garantía; tampoco era un valor seguro.

Mi madre, que nunca parecía estar contenta, se encargaba de romper los escasos minutos de armonía. Parecía un disco rayado, siempre con la misma cantinela: que si «con lo que ganas no nos llega para nada», que si «¿sabes los milagros que he de hacer para serviros un plato de comida en la mesa?»… En fin, toda suerte de frases hechas, siempre relacionadas con el dinero, lo poco que (en su opinión) ganaba mi padre y lo mucho que (también en su opinión) se esforzaba ella para que nuestra economía doméstica no fuera peor de lo que ya iba.

Si algo ejecutó mi madre con maestría fue el papel de víctima, interpretación con la que se elevaba a nivel de estrella cuando mi padre llegaba, como suele decirse, con dos copas de más. Sea como fuere, no había tiempo, por lo general, para comentar cómo había ido el día, el colegio… No. Dinero, dinero y únicamente dinero era el centro de la conversación que presidía toda la cena. Solo hablaban ellos. Mi hermano y yo parecíamos convidados de piedra.

No éramos una familia estructurada al uso, no al menos en su totalidad, y desde bien pequeña entendí que nos faltaba algo, que lo que yo veía en las casas de mis amiguitas era diferente a lo que veía en la mía… y eso no me gustaba y me llenaba de angustia. Tanto es así que cuando alguna de mis amigas venía a jugar a casa, cuando intuía la hora en que mi padre podía aparecer por la puerta me las ingeniaba para dar por finalizados los juegos y que las amigas que estuvieran conmigo regresaran a sus domicilios.

Se acercaba la noche y, con ella, todo lo bueno del día oscurecía con los sucesos que la rutina vaticinaba. Y la actitud de mi madre no ayudaba precisamente a crear un escenario distinto. Bastaba que mi padre se retrasara unos pocos minutos para que volcara su malestar sobre los que estábamos a su lado. «¡A saber por dónde andará tu padre!», «¿qué clase de hombre es el hombre que cambia su familia por una botella?» u otras expresiones de idéntico corte formaban parte del léxico al que desde siempre nos tenía acostumbrados. O malacostumbrados, según se mire.

No sé si con ello pretendía indisponerme con mi padre o crearme un conflicto con el hermano que aún vivía en casa y con el que compartía habitación. A estas alturas aún no sé bien el propósito de aquellas invectivas. Pero ya entonces, fijándome en el comportamiento de otras madres, sí sabía que el suyo, el de mi madre, no era el más adecuado para propiciar un ambiente de concordia.

Insisto, cuando caía la tarde no lo podía remediar. Era superior a mí. Se me aceleraba el pulso y se me encogía el corazón. Luego, con suerte, resultaba que a lo mejor mi padre llegaba sobrio, no pasaba nada y todo eran bromas y sonrisas conmigo. No en vano era, sobrio o no, su niña bonita. Aun así, mi madre no perdía la oportunidad de lanzar alguna de sus pullas. Pero yo estaba más tranquila. Estando sobrio no entraba tanto al trapo y el temido enfrentamiento se quedaba en simple controversia.

Sin embargo, el hecho de que el día acabara sin incidencias familiares de importancia no implicaba que desapareciesen mis sobresaltos nocturnos. La ansiedad acumulada parecía sentirse cómoda en mi subconsciente y había tomado el hábito de obsequiarme con pesadillas, que irrumpían con violencia en mis horas de sueño, algo que me superaba totalmente, no podía controlar y hacía que iniciara el día con menos fuerza y energía de las que por edad me correspondían.

No obstante, hacía todo cuanto estaba en mi mano para que ese cansancio no interfiriera negativamente en mi rendimiento escolar ni en mis amistades de clase o vecinales. No quería que vieran reflejados en mi ánimo o aspecto los problemas que vivía en casa y, aunque es cierto que lo conseguía, esforzarme en ello me aportaba una cuota de estrés añadida. La verdad, había momentos en que prefería no levantarme de la cama.

★★★★★★★★★★

En la mesa, dos platos de sopa de sobre fueron mi única comida el sábado y el domingo. Explicación a cargo de mi madre: «Tu padre se ha ido a emborrachar este fin de semana con unos amigos y no me ha dejado dinero para la comida». Nada más falso. Mi padre se ausentó ese fin de semana por razones de trabajo… y dinero para comida en casa no faltaba porque había cobrado un adelanto de esas dos jornadas extraordinarias. Mi madre mentía y lo hacía con facilidad y una frialdad sin límites. Tal era su obsesión por enemistarme con mi padre que ahora estoy convencida de que más de la mitad de cuanto decía sobre él era mentira, pura invención que intentaba convertir en realidad, si bien lo peor de todo es que llegaba a creérsela. Ante esa situación no sé qué resultaba más negativo: si tener un padre alcohólico o una madre mentirosa, manipuladora y con una obsesión enfermiza.

★★★★★★★★★★

Un niño no merece ese trato. No reivindico que haya de crecer entre algodones, pero sí en un ambiente en el que impere un mínimo de coherencia emocional. Y en mi caso (y en mi casa), aunque no me sentía rechazada, no la encontraba porque no existía. Y la niñez, para su correcto desarrollo, necesita invariablemente de referentes positivos. La falta de esas referencias, de esos espejos en que mirarse, puede provocar secuelas en la salud del niño, tanto a nivel mental como emocional, difíciles de erradicar.

Y si a eso le añadimos abusos de índole sexual, el cóctel resultante es, lisa y llanamente, explosivo. Que es exactamente lo que pasó en el caso que nos ocupa: el mío. Mi caso. Lo que me ocurrió en los primeros años de mi vida, en esa etapa en que me estaba formando como persona y como mujer.

Pero no fue el causante de mis calamidades ningún amigo ni ningún desconocido en un parque. Tampoco fue mi padre ni ninguno de mis hermanos. Fue mi tío. Mi tío fue el responsable del enorme sufrimiento que padecí durante años y al que debo un montón de nefastos recuerdos, que condicionaron sobremanera mi relación con mi familia y los chicos de mi edad, por no mencionar los desajustes nerviosos y de otro tipo que me causaron, entro ellos una úlcera de estómago.

★★★★★★★★★★

Cruzada la barrera de los cincuenta, mi tío ofrecía la típica imagen de hombre bonachón, incapaz de despertar, a simple vista, reacciones negativas en su trato. Recuerdo mis cuatro o cinco primeros años sobre sus rodillas, haciéndome caricias, dándome besos sin parar.

Quería y quise mucho a mi tío. Y le quería porque me hacía sentir querida, importante. De alguna manera me proporcionaba un calor que no obtenía en mi padre, que, sí, también me quería mucho, jamás lo he dudado; pero era más de bromas y sonrisas que de achuchones.

Fue cumplidos ya los seis años cuando comencé a sospechar de las intenciones de mi tío, que tanto besuqueo escondía propósitos nada claros que nada tenían que ver con el amor entre tío y sobrina, pero no me atrevía a decirlo en casa. Conociendo a mi padre y a mis hermanos, sabía que la solución no iba a ser pacífica y yo misma me montaba una película en la que les veía a todos en la cárcel; película que no quería ver y por eso fui trampeando la situación como pude con la esperanza de que la fijación que sentía mi tío por mí, aunque censurable y delictiva, fuera solo pasajera.

Le rehuía y procuraba no quedarme a solas con él, pero, en cuanto hallaba la ocasión, mi tío posaba sus manos en cualquier parte de mi cuerpo con la morbosidad y los detalles que contaré más adelante.

Cierto es que jamás llegó a penetrarme que yo recuerde, pues a lo mejor si fui penetrada y me causó un *shock,* y eso me hace no recordar… pero sus tocamientos e insistencia en hacerme cómplice de su desvergüenza no cesaban por más que le rehuyera y le hiciera ver mi disconformidad y total rechazo a sus prácticas vergonzantes. Pero no hacía falta penetración para sentirme acosada y humillada.

El abuso sexual acostumbra a provenir, como es mi caso, de alguien cercano, generalmente un familiar, y los tocamientos en sí mismos son más que suficientes para poder hablar de abuso.

Por mi parte, tan pronto tuve conciencia de lo que ocurría no podía entender (ni, por supuesto, justificar) la conducta de mi tío. Su esposa estaba enferma desde hacía tiempo y necesitaba de una atención que él desviaba hacia mi pequeño cuerpo en cuanto me tenía a su lado.

Y esa fue otra de las razones que impidieron que pusiese en conocimiento de mis padres lo que pasaba. Creía que la salud de aquella mujer enferma empeoraría y llegaría a morir de pena si descubría lo que su marido (mi tío) hacía a sus espaldas.

Era solo una niña y no entendía de leyes ni de lo que después conocí como el «bien común». Solo me guiaba por mis sentimientos y estos me aconsejaban callar por el bien de todos: por el de mi padre y mis hermanos, a los que veía presos si se lo contaba; y por el de la enferma, a la que veía muerta si se enteraba de las morbosas andanzas de su marido.

Pero cumplí los catorce y ya no era una niña. No era la niña que a los cinco se sentaba en las rodillas de su tío, como tampoco era la niña que a los diez intentaba zafarse de sus manos de pulpo. Había que tomar una determinación que acabara con aquella situación. Y la tomé. ¡Claro que la tomé!, acabando de cuajo con el tío acosador-abusador. Nadie se enteró. Nadie, excepto él y yo. Y admito que no fue fácil la recuperación tras el infierno vivido. Pero lo hice. Me recuperé. Pero eso os lo contaré también más adelante. Ahora vamos con mi tío, con su comportamiento, con el comportamiento de los acosadores, con el daño que causan, las secuelas que generan y, lo que es más importante, cómo se reparan y cicatrizan para que no reaparezcan jamás.

Tendría yo poco más
de seis años…

Tendría yo poco más de seis años cuando ocurrió un suceso que iba a marcar mi infancia y mi relación con mi tío, a la sazón el hombre que estaba casado con la hermana de mi madre.

Había acompañado aquel día a mi madre (como, por otra parte, era habitual) a visitar a su hermana, mi tía, aquejada de no sé qué dolencias que la tenían indispuesta día sí, día también, impidiendo que pudiera llevar una vida con normalidad, o al menos con lo que yo podía entender desde mi corta edad que era la normalidad.

Podía haber sido un día más, otro más, en el que mi tío aprovechaba los momentos en que mi tía y mi madre se contaban sus cosas para, lejos de ellas, a solas él y yo, dispensarme todo tipo de besos y caricias.

Como de costumbre, me sentó sobre sus rodillas, colocando mi pequeña espalda contra su pecho, e hizo que mi cuerpo trotara como si de un juego de caballos se tratara, susurrándome sonidos indescifrables al oído mientras sus manos me acariciaban de arriba abajo, de lado a lado.

Sin embargo, aquel día no iba a ser un día cualquiera. Por el contrario, iba a establecer un antes y un después en el trato con mi tío y también, muy a mi pesar por cómo me condicionó su conducta, en la relación con mi entorno más cercano, especialmente con mi madre.

Aquel día me di cuenta de algo que a lo mejor venía sucediendo con regularidad, pero que yo, en mi ingenuidad, no había captado. Algo que me removió los sentimientos y el estómago al mismo tiempo.

Era verano. Yo llevaba una faldita bastante corta y estaba sobre las rodillas de mi tío cuando, de repente, noté que sus labios se aferraron a mi cuello como una ventosa y una ligera sensación de humedad me traspasaba las braguitas.

Di un salto al suelo de inmediato, llena de vergüenza, pensando que me había orinado. Una mancha de escasas dimensiones, pero una mancha al fin y al cabo, afloraba en el pantalón de mi tío, a la altura de la bragueta. Pero no era yo la que se había orinado: era él. O al menos eso pensé desde la perspectiva que me daban mis seis años recién cumplidos.

Incorporado, me miró como si no hubiera sucedido nada y se llevó un dedo a la boca, como pidiendo silencio y un gesto de complicidad. Visto y no visto, salió de la habitación, apareciendo después con otro pantalón.

Recuerdo perfectamente la situación. Por un lado, aquella escena con mi tío y su pantalón manchado, a la altura de la bragueta, de lo que yo creía que eran orines me produjo de manera instantánea una profunda pena. No concebía que una persona de su edad pudiera orinarse encima y, si lo hacía, indudablemente era porque estaba enfermo. Y me entristecía. Pero, al mismo tiempo, sentir aquella humedad, cuyo origen asociaba a sus orines, impregnando mis braguitas me trasladó una incontrolable sensación de asco. Tanto es así que cuando mi tío abandonó la habitación fui corriendo al baño a lavarme, me deshice de las bragas y las escondí en un rincón de la casa con la intención de recuperarlas el próximo día que acompañara a mi madre.

Me sabía especialmente mal por mi tío, al que apreciaba de verdad, pero todo aquello me dio un asco tremendo y, ciertamente, no pude dejar de experimentar esa sensación de rechazo hacia su persona a partir de entonces.

De otro lado estaba lo que yo barruntaba como su delicado estado de salud. No entraba en mi cabeza que un hombre sano se orinara encima. Si estaba enfermo, yo tenía un papelón. Si contaba lo que había pasado, seguramente se enfadaría y no me perdonaría jamás. Y si no lo contaba... Al final comprendí que si hasta entonces no había oído hablar a nadie sobre su posible enfermedad, esa que yo le atribuía por haberse orinado mientras jugaba conmigo, es porque él no se había manifestado en ese sentido y no quería que se hablara de ello. Y si él no quería, ¿por qué iba a ser yo, sobrina en la que confiaba y depositaba su cariño, la que traicionara su secreto?

De modo que callé lo que había vivido. Eso sí, obsesionada por lo sucedido y diciéndome a mí misma que, de repetirse, no iba a haber una tercera ocasión. Me revolvió todo el cuerpo, poniendo a mi estómago en estado de alerta para evitar el vómito durante todo lo que nos quedaba de visita a mi madre y a mí.

Dos o tres años más tarde supe que aquella humedad, la que desprendía la mancha en la bragueta del pantalón de mi tío, no era el reflejo de su orina precisamente…, ¡sino otra cosa muy distinta! Ello cortó de cuajo la pena que sentía y elevó el asco, en cambio, a proporciones infinitas. Pero eso es algo que ya iré contando.

De nuevo en casa (en la nuestra, en la mía), la rutina de cada día. A la dura experiencia vivida con mi tío se unía la bronca vespertina de mis padres. Me esforcé en poner paz. ¿Os imagináis a una niña de seis años esforzándose en poner paz entre sus padres? Pues podéis creerme porque así era.

Al día siguiente acudí a clase sin haber pegado ojo en toda la noche. Mi tío y sus falsos orines me quitaron el sueño.

Un antes y un después

Totalmente cierto. Aquel pantalón mojado de lo que yo creí orines marcó una nueva etapa en la relación entre mi tío y yo, etapa que resultó ser mucho más tortuosa que la vivida hasta entonces. El hecho de que yo reparara en aquella mancha abrió nuevos horizontes y expectativas en la conducta de mi tío. Solo recuerdo que se volvió más abierta, con tocamientos íntimos y la exhibición sin ningún tipo de reparo de su pene y sus testículos.

Cada día que yo iba a su casa acompañando a mi madre y quedábamos a solas aumentaba mi grado de odio y repulsión hacia él. Mis pocos años no eran obstáculo para frenar sus sucios y criminales impulsos, como tampoco lo fueron para que yo ya intuyera con claridad que aquello que mi tío hacía y me obligaba a hacer a mí no era nada correcto. Que estaba más que mal. Muy mal.

Nos hallábamos en el salón comedor. Previamente, poniendo como excusa ante mi tía y mi madre que la televisión entorpecería la conversación entre ambas, había cerrado la puerta de la habitación donde dormía mi tía al objeto de oír la puerta si se abría y tener tiempo de colocarse ante ellas como si nada estuviera pasando entre él y yo. Lo tenía todo calculado, convenientemente medido. Era un auténtico sádico.

Aquel día no hubo caricias ni besos de antemano. Eso sí, me sentó sobre sus rodillas, como de costumbre, pero con una particularidad que yo no iba a dejar de tener presente en muchos años. En lugar de sentarme de espaldas a él, esta vez lo hizo de frente, cara con cara, y casi sin mediar palabra corrió la cremallera de su pantalón, se hurgó un par de minutos por dentro y acto seguido sacó su pene fuera. Agarró entonces mi mano derecha con fuerza y la colocó rodeando su pene. Me miró a los ojos y sin soltar mi mano comenzó a efectuar movimientos con ella de arriba abajo.

Todo aquello me producía un tremendo asco. Intentaba escabullirme, pero no me lo permitía. Me bajó de sus rodillas, poniéndome de pie, y con la mano que él tenía libre me quitó las bragas, subió la falda hasta la cintura y clavó la vista en mi pelvis desnuda. A continuación hizo que me arrodillara en el suelo, sin apartar mi mano derecha de su pene, instándome a seguir con los movimientos a los que me había obligado minutos antes.

Al poco tiempo exhaló un par de gemidos, cerró los ojos y un líquido entre transparente y blanquecino apareció por el extremo de su pene.

No vomité de puro milagro. No creáis que no me cuesta relatar los encuentros con mi tío con tanta crudeza. Me cuesta…, me cuesta mucho, pero es como pasaron los acontecimientos y necesito contarlos tal como sucedieron. En parte por mí misma. Porque, aunque han transcurrido cuarenta años, siento que es una asignatura pendiente expresar lo que entonces sentía. Y en parte también porque la sociedad tiene derecho a conocer la forma exacta en que se comportó aquel depredador sexual.

Segundos después se incorporó y se dirigió hacia el baño. En esta ocasión no se cambió el pantalón. Había manchado mi mano, no su ropa. Y yo, con la mano totalmente impregnada de aquella asquerosa sustancia, quedé un rato como en estado de *shock*. Todavía no sabía qué era lo que había estado haciendo realmente. Solo sé que me quedé en blanco durante unos minutos y que cuando volví a la realidad un triple sentimiento, mezcla de rabia, impotencia y asco, se apoderó de mí.

Al cabo de un rato oí que me llamaba mi madre. Fui hasta la habitación y allí estaban los tres: mi madre, mi tía y el energúmeno que se había casado con ella.

Sin embargo, como podéis imaginar, ahora no sentía ni un ápice de compasión por mi tío. Sabía que el líquido que el otro día manchó su pantalón no eran orines. Mi tío no se había orinado encima. Aquel líquido era otra cosa. Yo no sabía exactamente qué era, pero sí sabía que no eran orines y que, por la forma en que se había comportado hoy mi tío, por la agresividad que había mostrado conmigo (escondida hasta ese momento, disfrazada de besos y caricias), en nada se correspondía con ninguna de las enfermedades que yo, como la niña que era, pudiera imaginar entonces.

Era un psicópata, aunque eso lo adiviné más tarde, cuando llegué a identificar en qué consistían aquellos movimientos con su pene y la sustancia que expulsó.

Llegamos a casa. Habían pasado unas horas y yo no podía borrar de mi memoria ni un solo segundo de cuanto había sucedido. Incrustadas tras mis retinas, cobraban vida todas y cada una de las escenas de aquella tarde aciaga.

Para colmo, mi padre no estaba en casa y mi madre empezó a mostrarse nerviosa y a hablar sola entre dientes, lo que tampoco era extraño en ella cuando mi padre no se hallaba en casa cuando a ella le parecía que debía estar.

No eran todavía las ocho, las tiendas del barrio aún permanecían abiertas y me tocó hacer lo de muchos otros días: bajar a comprar fiado. Cuando no había dinero en casa (o lo había, pero estaba destinado a atender otros menesteres domésticos), mi madre había tomado por costumbre enviarme a comprar fiado. Había algunos comercios de la zona en los que teníamos cuenta abierta, donde nos apuntaban lo que consumíamos y pagábamos cuando podíamos. No éramos morosos por gusto ni tampoco malos pagadores. Tan pronto teníamos dinero saldábamos nuestras deudas. Y, la verdad, no creo que los comerciantes nos fiaran de mala gana (no éramos los únicos en el barrio que podíamos atravesar puntualmente por dificultades económicas) y a mí, particularmente, me tenían mucho aprecio.

El ruido de la llave en el bombín de la puerta era un aviso de que mi padre estaba entrando en casa. Las palabras subidas de tono por parte de mi madre estaban aseguradas. Confiaba en que mi padre no hubiera bebido aquella tarde. El día para mí había sido extremadamente duro y no me apetecía pasar ningún mal rato más. Solo quería cenar e irme a la cama cuanto antes. Incluso irme sin cenar aunque resultara imposible. Para mi madre las comidas y las cenas tenían un carácter casi sagrado. Afortunadamente, mi padre entró sereno, la sangre (como suele decirse) no llegó al río y su retraso lo zanjó mi madre con un breve reproche.

Ya en la cama, no pude dejar de dar vueltas y me sobrevenían arcadas cada dos por tres. Recuerdo que restregué la palma de mi mano derecha contra la pared hasta hacerme daño.

¡Cuánto dolor llegó a causarme aquel hombre!

¿Cómo podía ser tan cruel?

Y lo peor de todo es que ya me parecía tarde para todo. No había dicho nada cuando empezó todo por temor a la reacción de mi padre y hermanos y ahora, teniendo en cuenta la reiteración de las situaciones, temía que me echaran en cara no haberlo denunciado en su momento.

Quería dormir y no podía. Necesitaba dormir. Lo necesitaba con urgencia. Desconectar. Aunque después me asaltaran las pesadillas, pero precisaba desconectar unas horas.

Jamás deseé tanto ir al colegio como en aquella época. Era el momento en que me olvidaba de todo. Podía haber sido al contrario, que la angustia me impidiera centrarme en lo que me enseñaban, pero no era así. El colegio, mis compañeras y compañeros de clase me ayudaban a sobrellevar mis momentos más amargos. De hecho, ignoro si fueron esos momentos de angustia los que influyeron en mi vocación por el estudio y el área del conocimiento, vocación a la que debo mucho en mi vida y que jamás me ha abandonado.

★★★★★★★★★★

Habían pasado casi tres años y yo me acercaba ya a los nueve. Pese a mi corta edad, no podía decirse que mi vida hubiera transcurrido exenta de episodios complicados, cuando no traumáticos.

Si en un principio fueron las dificultades que convivían en el día a día de mis padres, con el tiempo aquellas fueron desplazadas a un segundo plano, ocupando mi principal motivo de preocupación la irrupción de la figura de mi tío en mi existencia. Maldecía la hora en que puso sus ojos en mí, maldecía la negativa de mi madre a que no la acompañara en las visitas a su hermana y no había momento en que no deseara las peores desgracias para aquel violador, un verdadero lobo que sabía vestir como nadie la piel de cordero ante los que le rodeaban. Solo yo conocía su auténtica faceta, sus peores instintos, su crueldad mental…, su inmensa cobardía.

Aquella situación me hizo crecer más deprisa, hizo que me cuestionara lo que me obligaba a hacerle y a buscar respuestas a preguntas que, con toda seguridad, debiera haberme formulado más adelante, algo ya más crecida. De ahí que pueda afirmar que crecí antes de tiempo, antes de lo que generalmente crecían las niñas de mi edad.

La suerte que tuve, si a aquello se le podía llamar suerte, es que mi madre, que era limpiadora, simultaneó en aquel entonces un par más de casas, por lo que vio sensiblemente reducido su tiempo libre, parte del cual dedicaba a visitar a mi tía. Así pues, nuestras visitas cayeron de una o dos veces por semana a únicamente dos o tres por mes. Pero lo que era un alivio para veintiocho días de libertad se convertía en un infierno para los dos restantes. La considerable merma de la actividad que mi tío mantenía conmigo hacía que los días que me tocaba visita fueran más convulsos por la intensidad que pretendía imponer (y casi siempre se salía con la suya) en sus perversas prácticas sexuales.

Aquel martes, no obstante, iba a ser especialmente doloroso. Totalmente fuera de sí, en un estado de excitación difícil de narrar, pasaba su mano por todas las partes sensibles de mi cuerpo con la finalidad (supongo) de proporcionarme el mismo placer que él sentía. Sus dedos trasteando mi pequeño clítoris provocaron que quisiera salir corriendo del salón comedor. Pero no lo consintió. Me agarró del brazo con una de sus manos y me conminó a que le masturbara. Era un excelente dominador de la mímica. No utilizaba palabras, solo gestos. Como último recurso, cuando eyaculaba, emitía una especie de sonidos que resultaban repulsivos.

Pero no iba a quedar ahí la cosa. Aquella tarde no iba a tener lugar la asquerosa rutina de cada tarde que me secuestraba para su exclusivo placer personal. Una vez concluyó, lanzando su esperma, no se relajó como solía hacerlo. Un par de minutos de inactividad y una de sus manos asió mi cabeza por la nuca y la acercó a su pene, flácido y totalmente húmedo. Me negué a meterme aquello, di un salto y, esta vez sí, conseguí librarme de él y fui hacia el aseo. Me picaba todo; parecía padecer urticaria por todo el cuerpo. Corrí el pestillo de la puerta, puse jabón en una esponja y me froté con ella una y otra vez la ingle hasta hacerme daño.

Aquel hombre era un monstruo. No contento con ponerme su pene en la mano, pretendió que me lo metiera en la boca. Pero, algo extraño en él, no volvió a intentarlo jamás. Sin embargo, había añadido un daño más a la ya larga lista de secuelas que me iba provocando desde hacía algunos años.

Quería borrar toda huella de sus dedos en aquella parte tan íntima de mi cuerpo. Me lavé las manos con abundante jabón y después hice lo propio con mi rostro. Desde que tuve conciencia de lo que pasaba en aquella casa, no hubo un solo día que no me fuera de ella rabiosa, triste... y humillada. Y, salvo él y yo, nadie parecía enterarse de nada. Realmente esperpéntico.

Del flamenco y otras formas de evasión

Decir que el flamenco y diversas prácticas deportivas me salvaron la vida tal vez resulte una exageración, pero por esas alturas va la cosa. Ciertamente, la situación de estrechez económica que se vivía en casa, con el hándicap de un padre dependiente del dios alcohol, me producía unas sensaciones que no podían compararse, ni por asomo, con las que padecía a causa de los abusos a que mi tío me sometía. Las primeras eran una amalgama de tristeza e impotencia acompañadas, sin embargo, de un amor que jamás desapareció. Las segundas eran puro rencor y asco.

Si en mi casa no entraba más dinero yo sabía que no podía hacer nada desde mi posición para que aumentasen los ingresos. Que era imposible. Que tenía que estudiar. Que aunque quisiera trabajar para aportar mi pequeño grano de arena a la economía familiar, nadie me iba a contratar para realizar ningún trabajo porque, por fortuna, la explotación infantil había pasado ya a la historia en nuestro país. Que el dinero que entraba era el que era y que, además, por mucho que dijera mi madre, las paradas de mi padre en el bar no suponían una merma significativa del mismo. Se ganaba poco, sí, pero no solo mis padres. Era la época, era la zona y era el concepto político y social que se tenía de las relaciones laborales. Era así, se ganaba poco. Sin más.

Y en cuanto al ambiente de tensión que se respiraba en casa cuando mi padre se las tenía con mi madre por llegar tarde con una copa que aparentemente ya le sobraba…, ¡pues qué queréis que os diga! Sé que no podía aceptarlo como una situación normal y que, como ya he planteado, me ponía sumamente nerviosa; pero me acostumbré a vivirlo como un suceso casi natural, nada excepcional, sobre todo porque, aunque siempre tenía el temor de que la situación empeorase y llegaran a las manos, en el fondo (quizás porque nunca había ocurrido) me convencía a mí misma de que el temor era infundado. Ello no era óbice, no obstante, para que sus gritos formaran parte de la memoria de mis sueños nocturnos, me despertaran a medianoche y lo pasara mal en ese momento. Pero me sobreponía a los pocos minutos y volvía a cerrar los ojos sin mayores complicaciones.

El tema de los abusos era completamente distinto. Las vejaciones a las que me sometía aquel monstruo, al que durante tanto tiempo llamé cariñosamente «tío», me sumían en un estado de desasosiego del que me era muy difícil desprenderme.

Sus asquerosas manos, su pene erecto, su pene flácido, sus ojos entreabiertos, sus gemidos mientras eyaculaba, mi mano mojada de aquel líquido entre blanquecino y transparente… Todas esas imágenes se amotinaban en mi memoria, persiguiéndome a cualquier hora, en cualquier lugar. Solo mis amigas y amigos del colegio y del barrio, la práctica de cualquier tipo de actividad deportiva y el flamenco, en su modalidad de baile, aliviaban el enorme peso que aquel desalmado instaló en mi ánimo con sus obscenidades.

Y, sí, habéis entendido bien. He dicho flamenco. Al principio, como sucedió con varios deportes, me sirvió como válvula de escape, de evasión de una realidad de la que no podía zafarme. Aprendiendo a bailar flamenco, bailándolo después con más o menos destreza, conseguía en parte olvidarme de las aberraciones que cometía conmigo el monstruo que estaba casado con mi tía cada vez que pisaba su casa.

Sin embargo, lo que inicialmente comenzó como una forma de evasión con el tiempo, a medida que avanzaba en mis clases, se fue convirtiendo en una pasión. Cuando bailaba el mundo se paraba, toda yo me transformaba, notaba que brotaba en mí lo que realmente era o lo que realmente quería ser. Y así seguí, perfeccionando estilo y técnica, hasta los catorce años.

Como os cuento, me había ido puliendo y un día tuve la oportunidad de incorporarme a una afamada compañía de baile, en calidad de aspirante, para seguir con ella mi formación y optar a la titularidad en el *ballet* cuando se dieran las condiciones para ello.

La propietaria y directora de la compañía era una conocida coreógrafa afincada en la costa malagueña, que se dio a conocer a nivel popular gracias a la gran pantalla, con las primeras emisiones de las cadenas privadas de televisión, que competían por hacerse un nombre y un hueco entre los telespectadores españoles.

La posibilidad de integrarme en aquel *ballet* y ver cumplido mi sueño se vio truncada de raíz por la negativa de mi padre. Para que mi sueño pudiera convertirse en realidad debía trasladarme a Madrid, y eso a él no le hacía gracia. El caso es que no creo que quisiera hacerme daño, al menos, conscientemente, pero acabó con una ilusión que por aquel entonces era mi vida.

Hoy, desde la madurez, no le reprocho tanto los obstáculos que me puso como que no estudiara alguna opción alternativa. Era normal que mi padre se opusiera a que su hija de catorce años marchara a Madrid sola, con la palabra de la directora de la compañía como única garante de su cuidado. Su palabra podía valer mucho (me aclaró mi padre), pero desconocía el compromiso del resto de componentes de la compañía y, por desconocerlo, dijo no fiarse de ellos.

Su postura entraba dentro de la lógica, pero también existía la posibilidad de que mi madre me acompañara a Madrid. Aquella fue una época en la que numerosas artistas españolas forjaron sus carreras profesionales en Madrid acompañadas de sus madres. Pero ni siquiera se lo planteó y eso es lo que le reproché entonces y le sigo reprochando ahora: su falta de sensibilidad al tratar el tema, porque su negativa minó extraordinariamente mi existencia en los cuatro o cinco años posteriores. Aunque, pensándolo fríamente, no podía ni planteárselo porque lo que ganaba mi madre como limpiadora de hotel, más algún extra que lograra con domicilios particulares, resultaba vital para que hubiera un plato diario de comida en la mesa. El sueldo que ganaba mi padre trabajando en el sector de la construcción no daba como para mantener por sí solo a la familia y necesitaba forzosamente del dinero que aportaba mi madre. Aun así, reconozco que me fue difícil aceptarlo y todavía hoy sigo creyendo que podía haberme hecho un nombre dentro del espectáculo.

Pero no fue mi asistencia a la academia de baile lo único que me permitió evadirme, aunque solo fuera en parte, del castigo físico y moral que mi tío me infligía en contra de mi voluntad.

Cualquier deporte, fuese el que fuese, me fascinaba. Era muy buena en natación y no lo hacía del todo mal en balonmano, permitiéndome incluso «sacar buena nota» en modalidades asignadas tradicionalmente (al menos en aquellos años) al género masculino como eran el fútbol o el béisbol. Pero sobre todos ellos, como digo, sentía un especial entusiasmo por la natación. Es como si el agua me librara de toda la inmundicia que aquel violador vertía sobre mi cuerpo, como si me purificara. El balonmano, el fútbol o el béisbol tenían otro objetivo: la descarga de la adrenalina que almacenaba en mi interior.

Eso en lo referente a los llamados deportes clásicos, aunque reconozco que el béisbol no tenía nada de clásico en nuestro país en los años setenta. Pero aún había otra actividad que me gustaba practicar, si bien esta podía enmarcarse más en el ámbito del disfrute personal: patinar sobre ruedas y darle a los pedales de mi bicicleta.

Me podía pasar horas con unos patines bajo los pies y recuerdo con verdadera nostalgia muchas noches de verano, en plenas vacaciones escolares, patinando frente a mi casa, calle arriba, calle abajo, hasta bien entrada la madrugada. Por supuesto, mi padre no me quitaba el ojo de encima, siguiendo de cerca todos mis movimientos. Y yo me sentía segura… y feliz.

A menudo iba a patinar a una pista que no quedaba lejos de casa, pero, claro está, los horarios eran distintos. Hasta la madrugada solo podía patinar en mi calle, donde vivía, una auténtica gozada que pocas niñas de mi edad podían experimentar. Era plenamente consciente de ello y siempre le agradecí a mi padre que me lo permitiera.

En realidad, mi afición por el deporte es algo que sigue yendo conmigo hasta la fecha. En la actualidad no practico balonmano ni fútbol ni béisbol y hace mucho tiempo que no piso una piscina ni pedaleo ni me calzo unos patines de ruedas, pero he incorporado otras disciplinas deportivas a mi vida: *footing*, trapecio y boxeo, así como el yoga, que en nada es incompatible con las anteriores y sí un complemento de las mismas.

A solas con mi violador

Aquella tarde nos tocaba visita. Intenté escabullirme, pero no tuve éxito. Mi madre era implacable en ese sentido y pocas veces consintió que no la acompañara a ver a su hermana. Solo algún día en el que, por ejemplo, tenía que preparar sin falta un trabajo escolar podía esquivar el compromiso. Aquella tarde no fue uno de esos días. No habría natación ni patines ni bicicleta. Tampoco podría jugar a nada con mis amigas y amigos. Solo tortura. La que sufría cada vez que visitaba aquella casa.

Aún hoy ignoro el porqué de aquella obligación. ¿Qué falta le hacía yo a mi madre en casa de mi tía? En fin…

Pero, además, aquella tarde iba a traerme una sorpresa. Desagradable, por supuesto. De aquella casa no podía esperar nada bueno. Resulta que mi tía tenía cita con su médico y, en lugar de ir acompañada de mi tío, iría con mi madre, pues, al parecer, el violador de sobrinas se había sentido repentinamente indispuesto.

Lo peor de todo es que ya habían decidido que yo me quedara con él. «Por si pedía agua o cualquier otra cosa», me comentaron. ¡Valiente tontería! Como si mi tío no tuvieras dos piernas para ir a por lo que le apeteciera. A solas y en voz baja le dije a mi madre que no me hacía gracia quedarme con un enfermo. Y automáticamente pensé: «Si estando ellas en casa no tiene reparos en hacer lo que hace, ¿qué no hará estando solo conmigo?». Y un escalofrío me recorrió de la cabeza a los pies.

Cabía la posibilidad de que realmente se encontrara mal y su malestar le alejara de sus pensamientos insanos. Era mucho pedir. Nada más salir mi tía y mi madre por la puerta, allí estaba aquel monstruo, de pie frente a mí, con aquella media sonrisa odiosa, con aquella mirada que me desnudaba y que tanto odiaba.

Me hizo un gesto para que me acercara. A mí cada vez me repelía más su presencia, pero si antes tenía miedo a la posible reacción violenta de mi padre y mis hermanos, ahora temía que si le rechazaba se inventara una historia, haciéndoles ver a mis padres que era yo la que le buscaba. Al menos eso es lo que me dejó entrever la última vez que nos vimos. Y yo estaba aterrorizada. Sobre el papel, mis padres me querían muchísimo, eso era indiscutible y lo tenía muy claro, pero también era cierto que mi tío gozaba de una excelente reputación ante ellos o eso es lo que yo entendía por cómo mis padres me hablaban de él.

Me quedé inmóvil, ignorando su gesto, y vino hacia mí con cara de pocos amigos, riñéndome con la mirada, como si fuera obligación mía hacer cuanto me ordenaba, colmar todos sus deseos. Me agarró y me llevó hasta la habitación de matrimonio. Sin violencia pero con fuerza. Se quitó la ropa (un pijama) y se tumbó en la cama boca arriba, con todas sus vergüenzas al descubierto.

Yo, a pesar de criarme entre hombres (mi padre y tres hermanos), no supe lo que era un hombre adulto desnudo hasta que ese monstruo se puso ante mí tal como vino al mundo.

Visto de aquel modo, lleno de pelo por todas partes, causaba una impresión horrible.

Yo no iba a acostarme en la misma cama en que se acostaba mi tía. Me remordería la conciencia aún más de lo que ya lo hacía. Si él podía, yo no. Mi tía no se merecía tanto desprecio. Di media vuelta y salí corriendo de la habitación. Desnudo, me persiguió hasta el comedor. Ya no sabía si me daba asco o risa. Era entre patético y cómico. Se debió de dar cuenta del ridículo que estaba haciendo y se dirigió de nuevo a la habitación, diciéndome que no me moviera. A los pocos segundos regresó con el pijama puesto. Como mínimo me libraba de aquella imagen tan horrorosa.

Y pasó lo de siempre. Metió mi mano por el interior del pantalón del pijama y no la soltó hasta que se cercioró de que iba a hacer lo que me pedía. Le encantaba que le masturbara. Le daba igual la cara de asco que yo pusiera, que fijara la vista en cualquier otro sitio, menos en su pene.

Me pedía que no parara, al tiempo que con sus manos me quitaba toda la ropa. Totalmente bloqueada, mi mano cesó de repente en su cometido. No se molestó. Al contrario, se acercó a escasos milímetros de mi cuerpo y comenzó a rozarme toda la piel con su pene. Me introdujo un dedo en la vagina y la fue recorriendo de extremo a extremo hasta que eyaculó. Parte del esperma me mojó el pubis y estuve a punto de vomitar. Y tendría que haberlo hecho sobre él, sobre su asqueroso pene.

Mi tía y mi madre regresaron del médico con cierto optimismo. Se ve que habían encontrado mejoría en mi tía. Me preguntaron cómo se había portado el enfermo. No contesté. Mi tío lo hizo por mí, diciendo que le habían dejado con la mejor enfermera del mundo.

En la casa parecía no haber pasado nada.

Imperdonable

Aquel tenía que ser un día muy especial. Iba a recibir la primera comunión y estaba realmente ilusionada. ¿Por qué a esa edad nos ilusionamos con esos acontecimientos? Pues no lo sé a ciencia cierta. Seguramente, porque nos dicen que son maravillosos es por lo que nos creemos especiales. Tan especiales como el día.

Yo llevaba un precioso vestido blanco y había puesto mis cinco sentidos en aprenderme al dedillo todos los movimientos que debía hacer en la iglesia. Experimentaba una gran emoción. Estaba convencida de que todo iba a salir bien y de que mis padres se sentirían orgullosos de tenerme como hija.

Siguiendo la costumbre, la celebración en la iglesia no fue un acto individual, sino colectivo. Debíamos de ser, contando niñas y niños, unos veinte, todos presumiendo de traje. El sacerdote nos alineó frente al altar para dar comienzo a la ceremonia.

Yo llegué acompañada de mi madre y hermanos. Mis tíos, me refiero al pervertido que me violaba y a su esposa, lo hicieron unos minutos más tarde, cuando ya habíamos entrado en la iglesia. No les vi llegar. Tampoco vi llegar a mi padre.

Acabó la ceremonia y mi padre seguía sin aparecer. Me sentí triste. Ese día, más que ningún otro, necesitaba su presencia. Inexplicablemente, no acudió. Ya me extrañó que no viniera con nosotros ya de inicio, cuando nos dirigíamos a la iglesia. Pregunté y mi madre me respondió que vendría en unos minutos, que tenía un asunto urgente que atender, pero que llegaría a tiempo a la iglesia. Supongo que mi madre sabía de antemano que mi padre no vendría, pero no quiso aguarme la fiesta ya de entrada.

Todos los niños y niñas estaban acompañados por sus padres. Todos, menos yo. Me faltaba mi padre. Tenía la extraña sensación de ser el patito feo del grupo. Sentí muchísima vergüenza y no dejaba de preguntarme qué tipo de comentarios suscitaría la ausencia de mi padre. Algunos de los que comulgaron allí conmigo iban a mi misma clase y me daba en la nariz que iba a haber mucho murmullo el próximo día de colegio.

Durante la ceremonia giré levemente varias veces la cabeza hacia el sitio donde se encontraban mi madre y mis hermanos con la esperanza de ver a mi padre entre ellos. El sacerdote me advirtió con la mirada. A partir de ese instante solo miré hacia adelante. No podía perder la concentración.

Ya en la calle, le pregunté a mi madre. Se encogió de hombros. «Ahí tienes lo que le importamos a tu padre». Eso (o algo semejante) es lo que me soltó como respuesta a mis preguntas.

¡No me lo podía creer! ¿Cómo podía fallarme mi padre en un día como aquel? ¿Qué era aquello tan urgente que tenía que solventar? ¿Por qué me hacía aquello? Estuve a punto de echarme a llorar.

Además, para mayor inri, vi como se acercaban mis tíos para saludarme. ¡Solo me faltaba aquello! No era suficiente la incomparecencia de mi padre que, encima, debía soportar la presencia de aquel hijo de Satanás, que, del brazo de su mujer, fingía ser un marido perfecto. ¡Qué equivocada la tenía! Bueno, no solo a ella. En realidad, tenía engañada a toda la familia. Únicamente yo conocía sus malas artes, su perversidad, su insaciable perversidad. Me besó en las mejillas (primero una, luego otra) y me quitó de golpe las ganas de llorar. Quería darle patadas, muchas patadas. Lo que tenía que ser un día lleno de felicidad quedó totalmente ennegrecido por la ausencia de mi padre y la presencia del hombre que abusaba de mí sin ningún escrúpulo ni miramiento.

Disimulé mi enfado y tristeza como pude. No era fácil en absoluto, pero ya estaba acostumbrada a desenvolverme en esas lides. Me cogí del brazo de mi madre y enfilamos el camino hacia casa.

Era indudable: mi padre se había portado mal, rematadamente mal. Sin embargo, no podía decir lo mismo de mi madre. Se había esmerado (y mucho) en la merienda-cena que nos había preparado, destacando entre todo lo que había de comer una flamante e impresionante tarta que hizo las delicias de los presentes.

Cuando la gente empezó a desfilar apareció mi padre. Jamás pude borrar aquella imagen de mi memoria. Se presentó completamente borracho, no con una simple copa de más. Y cuando digo borracho digo exactamente eso: borracho. Más de uno de los que estábamos allí sabíamos de su afición a la bebida, pero la imagen que ofreció superaba todo lo imaginable.

Hubiera sido preferible que no viniera. La vergüenza que nos hizo pasar no puede explicarse con palabras. Fue escandaloso. Y yo lo tenía muy claro: iba a ser la comidilla del colegio. A esas edades, a los ocho o nueve años, podemos ser muy crueles sin saberlo e incluso sabiéndolo.

¿Tenía que hacerme daño? ¿Precisamente ese día? Tanto me dolió la situación que hasta pasó por mi cabeza cambiar de colegio. Me dolía que me identificasen como «la hija del borracho». Por descontado, seguí en el mismo colegio.

Rebobinando: ante tal estado de embriaguez y ante la atónita mirada de quienes compartían con nosotros el festejo, mis hermanos se lo llevaron a su dormitorio. Mi tía se acercó a mi madre para consolarla y mi tío encaminó sus pasos hacia donde yo estaba. Me percaté de ello, no di cancha a sus intenciones y me busqué refugio en un grupo de amiguitas. Nada me apetecía menos que aquel ser obsceno aprovechara la ocasión para estar a mi lado. Media hora más tarde se había ido todo el mundo, incluidos mis hermanos.

Me imaginé la tormenta que se iba a originar en casa y en un santiamén, para que no me afectara de lleno, me cambié de ropa y saqué a mi perrito de paseo. De hecho, era otra de las etapas del día en que mejor me sentía. Mi mascota era mi fiel compañero, mi confidente, el único ser vivo al que le contaba mis problemas, alegrías y angustias. Y, tal como me miraba cuando le hablaba, hasta parecía que me entendía. ¡Cómo le eché de menos cuando nos dejó!

Abrí la puerta con miedo. El episodio había sido muy fuerte y temía, hoy más que cualquier otro día, la reacción de mi madre. Mi padre nos había puesto en entredicho delante de toda la familia y buena parte del vecindario. Sin embargo, la encontré en el comedor, sentada en una silla, sola, pensativa, triste…, asqueada. Mis hermanos habían dejado a mi padre en su cama. Estaba tan borracho que se durmió nada más tumbarlo en ella. Al verme, mi madre se puso de pie y me abrazó.

Tal vez mi padre se disculparía mañana. Tal vez. ¿Qué importaba ya?

La penetración como obsesión

Yo tenía nueve años e iba ya para los diez. La enfermiza fijación de mi tío por mi persona duraba ya demasiado tiempo. Me causaba dolor, mucho dolor. Dolor y asco, mucho asco. No sabría decir con exactitud en qué proporción, pero ahí estaban, latentes, las veinticuatro horas del día. A flor de piel en cuanto le veía. En su grado máximo nada más rozarme con sus asquerosas manos.

Pero no sabía cómo acabar con todo aquello. El violador fue lo suficientemente hábil para colocar bien temprano una espada de Damocles en mi garganta. En el momento en que me decidiera a contar los hechos tal como sucedían y venían produciéndose desde bastante tiempo atrás, él alegaría que era yo la que, sin motivo alguno, le había cogido inquina y quería hacerle daño con falsedades. Solo pensar que mi familia pudiera creerle era algo que me aterrorizaba. El muy farsante había conseguido labrarse una aureola de honestidad ante los que le trataban, aunque la realidad, muy distinta, es que era un aplicado discípulo del mismísimo diablo, un espécimen con dos caras bien diferenciadas: una, la que mostraba a todo el mundo; y otra, que nada tenía que ver con la anterior y mostraba conmigo exclusivamente, la de un individuo despiadado, inmune al sufrimiento ajeno, totalmente inmoral y desequilibrado. Mi padre, con su grave problema de alcoholismo, era mil veces mejor que aquella bestia.

Yo no era todavía una adolescente, pero tampoco era ya la niña chiquita que no se enteraba de nada. Hablaba con mis amigas de cosas de chicas y en las conversaciones surgían a veces temas que tenían que ver con chicos y la curiosidad por el sexo.

Yo no sabía cómo decirles que ya tenía conocimiento de algunos de los asuntos de que hablábamos, que conocía a la perfección cómo era un pene y qué funciones hacía… y simplemente me dedicaba a especular con ellas sobre cuestiones que, por desgracia, vivía en primera persona.

Ir a casa de mi tía aquella tarde se me hacía muy cuesta arriba. El día anterior se había escapado mi gato (además de perro, también tenía gato) y estaba preocupada. No hacía la misma compañía que mi adorable perrito ni me miraba como él cuando le decía cosas, pero le tenía mucho cariño y me entristecía la idea de no volver a verlo.

Cuando salí del colegio le rogué a mi madre, como favor especial, que me librara de ir con ella a casa de mis tíos, que quería darme una vuelta por el barrio para ver si encontraba al gato. Pero no me hizo el favor. Nunca entendí aquella obligación de acompañarla. Total, una vez allí, no le hacía ninguna falta. Se encerraba a solas con mi tía para hablar de sus cosas y a mí me dejaban a merced de aquel depredador.

En más de una ocasión, en el estado de rabia que me ponía, llegué a pensar que todo aquello estaba organizado, que no había razón para que cada vez se repitiera el mismo guion: ellas, aisladas en una habitación; él, el violador, a solas conmigo, cometiendo mil fechorías. Después, cuando desaparecía la rabia, recapacitaba y veía imposible que mi madre (y también mi tía) participaran en una trama tan perversa y me castigaba por ello. Al inmenso dolor que me producían las vejaciones de mi tío se sumaba el de considerarme una mala hija por pensar que mi madre, que me quería y mucho, pudiera rebajarse a entrar en un juego tan sucio.

Yo tenía la mente fija en mi pobre gato, en dónde podría estar, si tendría hambre… Le comenté a mi tío la situación, creyendo que tendría en consideración mi estado de ánimo. Pero fue que no. Se limitó a esbozar su sonrisa estúpida de siempre y acto seguido, haciendo oídos sordos a lo que le estaba contando, me quitó las bragas y las escondió debajo de un cojín del sofá. Se quedó como absorto ante mi pubis unos segundos, como adorándolo. Luego empezó a manosearse y a manosearme. El ritual de costumbre. La tortura de siempre. O eso pensé yo. Pero aquella tarde me tenía preparada una sorpresa. Desagradable, por supuesto. Nada que viniera de él podía ser bueno.

Aquella tarde parecía haberse propuesto un objetivo distinto: penetrarme. Ya en erección, su pene buscaba con insistencia mi vagina para instalarse en su interior. No le resultaba fácil, sobre todo porque yo me resistía y balanceaba mi cuerpo de izquierda a derecha, de derecha a izquierda, para dificultar sus propósitos. Cuando me di cuenta de que estaba a punto de conseguirlo me deshice de él, di un paso atrás y meneé mi cabeza enérgicamente, negándome a sus intenciones. Se acercó a mí de nuevo, con el pene erecto asomando por la bragueta de su pantalón, y me susurró al oído un «no pasa nada; ya verás como te gusta» que tampoco surtió el efecto que deseaba, porque me seguí negando.

Viendo mi negativa, me colocó de espaldas a él y dispuso la punta de su pene cerca de mi ano. «Pues déjame que la meta aquí», volvió a susurrarme al oído. Me separé de un salto, propinándole un golpe en la cara con el codo que no estaba previsto, pero resultó providencial. Se llevó las manos a la cara y aproveché los escasos segundos de confusión del momento para recoger mis braguitas de debajo del cojín, ponérmelas e ir al baño. Eché el pestillo y permanecí allí un cuarto de hora. Al salir fui directamente al dormitorio de mi tía. Me dolía el estómago, lo que tampoco era extraño en mí, pues hacía varios días que sentía ese dolor, pero el que experimentaba en ese momento era más intenso que el de días anteriores.

«Serán nervios por lo del gatito, que te están jugando una mala pasada», sentenció mi tía. Me preparó una tila y diez minutos más tarde emprendíamos mi madre y yo el regreso a nuestra casa.

«¿Mejor?», me preguntó justo cuando nos íbamos. «Sí, tía, mucho mejor. Gracias», le contesté. No podía la mujer imaginar que el causante de aquel dolor de estómago no era precisamente un gatito. Que era el más malvado de los lobos y que lo tenía viviendo en casa con ella, disfrazado de cordero.

Un dolor de estómago insoportable

Tenía a mis padres en vilo, apenas comía y perdía peso con mucha facilidad. Me dolía el estómago, me dolía mucho, tenía náuseas con frecuencia y nada había capaz de despertarme el apetito. De ahí que en un escaso margen de tiempo hubiera adelgazado visiblemente. Se imponía una visita al médico.

El de cabecera no lo vio del todo claro y nos desvió al especialista. ¿Su diagnóstico? Una úlcera de estómago. Mis padres no salían de su asombro, sobre todo mi madre, que era la que, aunque yo le echara una mano de vez en cuando, cocinaba en casa. Y por si alguien podía pensar que el causante de mis males era el modelo alimenticio que nos imponía, mi madre preguntó al doctor qué grado de incidencia podía tener la alimentación en una úlcera.

En realidad, creo que confiaba en que el médico le contestara que poca o ninguna. De esa forma se sacudiría de encima una responsabilidad que podríamos atribuirle sin conocimiento de causa. Pero la respuesta del especialista no fue en la dirección que mi madre esperaba. Nos dijo que quizás no era decisiva, que podían existir otros factores que influyeran con igual o incluso mayor determinación en el pronunciamiento del proceso ulceroso; pero que sí, que una alimentación inadecuada aumenta las probabilidades de padecer una úlcera de estómago.

Y sobre los otros agentes que pudieran causarla se refirió principalmente al estrés y la ansiedad. Preguntó cómo iba yo en mis estudios o si tenía algún tipo de problema en el colegio, a lo que contestamos que «bien» y que mi relación con mis profesores y mis compañeros «era del todo cordial». Así las cosas, el médico sugirió que el foco del problema podía estar en casa, sin profundizar más en el tema. Supongo que pensó que no era competencia suya analizar nuestros respectivos comportamientos dentro de la unidad familiar. Pero lo dejó caer, sin más, haciendo bueno el refrán que reza: «A buen entendedor pocas palabras bastan».

Salimos de la consulta con varias recetas y con una advertencia clara: debíamos atajar el problema existente si no queríamos que tuviera peores consecuencias. Reconozco que yo salí asustada, no lo voy a negar, pero mi madre salió más asustada todavía. La verdad es que en casa se consumían grasas un poco por encima de lo que podía considerarse normal, pero ello se debía a que cocinar platos ricos en grasas resultaba, en general, más económico. Pero en ningún caso su consumo era exagerado, por lo que había que centrar el origen de mi úlcera en los otros factores que señaló el doctor: el estrés y la ansiedad. Y, como quedó bien claro en la consulta, estos solo podían provenir de casa. Fue entonces cuando mi madre tomó cartas en el asunto y le pidió a mi hermano mayor que hablara seriamente con mi padre y le planteara que sus borracheras estaban causando graves problemas en mi salud; problemas que, de seguir avanzando, podían acabar ocasionando daños irreparables.

Y tenían parte de razón, pero solo parte. Primero porque no eran las borracheras de mi padre en sí las que me producían ansiedad. Eran las broncas que tenían mi madre y él. Que llegara borracho a casa me dolía, pero me dolía porque era mi padre, porque le quería y me superaba verle en aquel estado, pero lo que realmente me exasperaba era la reacción que su embriaguez provocaba en mi madre y las disputas en que se enzarzaban, sin importarles que yo estuviera presente. Y segundo porque yo, como única conocedora de la trágica situación personal que vivía, sabía que el ambiente que se respiraba en casa, aun no siendo el ideal para el normal desarrollo emocional de una niña de mi edad, no era la causa principal de mi ansiedad y, por extensión, de mi úlcera de estómago.

El principal responsable de todo ello era el animal que se había casado con mi tía, pero eso no lo sabía nadie. Solo yo… y también mi perro, fiel amigo y confidente. Tal vez aquella fue la mejor ocasión que tuve para hacer partícipes a mis padres de los atropellos a que me tenía sometida mi tío. Ello, a buen seguro, les hubiera aliviado en la parte de responsabilidad que creyeran que podían tener, trasladando toda la presión a mi tío, único culpable, a mi entender (y estaba segura de no equivocarme), de la situación en que me encontraba. Pero seguí callando, seguí callando… y seguí sufriendo, seguí sufriendo.

Eso sí, gracias a las recomendaciones de aquel especialista, a partir de aquel día se comió en casa de una manera más juiciosa, más equilibrada. Más sana.

Y a mi tío, en cuanto pude, se lo escupí a la cara. Le dije lo de mi úlcera y que él era el único culpable de lo que me estaba pasando y también de lo que me pudiera suceder; que lo estaba pasando francamente mal, con muchísimos dolores, y podía acabar aún peor. ¿Su reacción? ¡No me hizo ni p... caso! Era un ser odioso, abominable. Diabólico.

Por otro lado, la conversación de mi hermano mayor con mi padre pareció dar algún fruto. Y digo «pareció» porque mi padre no dejó la bebida. No podía. Era un alcohólico y su dependencia de ella era incuestionable. Pero a partir de ese día hizo lo posible por beber menos y le agradecí el esfuerzo. Las riñas entre él y mi madre no se acabaron del todo, pero si discutían procuraban no hacerlo en mi presencia y, lo que era muy de agradecer, en un tono mucho menos escandaloso del que me tenían acostumbrada.

De todas maneras, la úlcera no cicatrizó y siguió dándome problemas durante mucho tiempo. El acoso de mi tío sobre mi cuerpo y mi aún duró tres interminables años, añadiendo a las deficiencias físicas que padecía y por las que me medicaba un deterioro nervioso que tenía que disimular a toda costa y para el que no tomaba medicación alguna.

Jamás comprenderé cómo una persona puede tener tan poca conciencia y vivir con ello como si nada. Estoy hablando de aquel pederasta, del desalmado que arruinó buena parte de mi infancia.

Estoy hablando de mi tío, por supuesto.

Mi primer beso

Cumplí trece años. Mis amigas me regalaron una pequeña fiesta. Fue un día genial en el que, además, conocí a un chico estupendo, poco mayor que yo, sumamente agradable, con el que empecé a tontear porque me sentía muy a gusto con él.

Íbamos de paseo, nos reíamos de todo. Veía la vida con colores más vivos. Abrió en mí esa caja que contiene otra clase de sentimientos, esos que conoces precisamente cuando tienes los años que yo cumplí. Esos que o conoces exclusivamente cuando tienes esos años o difícilmente los conoces ya.

Y a su lado llegó mi primer beso. Fue una sensación nueva. No diré que extraordinaria porque no la podía comparar con ninguna conocida, pero fue agradable. Nueva y agradable, lo que, con la cruz que arrastraba, me parecía mucho. Me gustaba que me besara. Es más, me gustaba tanto que era yo, muchas veces, la que buscaba que me besara.

Sin embargo, cada vez que el chico intentaba darle más proximidad a nuestra relación surgía en mí una especie de resorte que siempre lo impedía. Automáticamente, ponía cualquier excusa y lo dejaba en el aire. Pero es que era algo superior a mí, un acto reflejo que no podía controlar. Y todo ello por culpa de la bestia que me violaba desde que tenía cinco o seis años.

Con aquel chico era feliz, me hacía sentir querida. Todo se empañaba cuando la imagen de mi abusador sobrevolaba mi memoria con sus prácticas obscenas, masturbándose, con sus repelentes dedos hurgando en mi vagina, eyaculando… Me revolvía el estómago y producía dolorosas migrañas. Si aquel martirio no acababa y lo hacía pronto, me volvería loca. Eso si ya no lo estaba un poco. Un poco bastante, quiero decir.

¡Maldito psicópata!

Punto y final a una violación

La tarde no se diferenciaba en absoluto de las muchas otras vividas en casa de mi tía. Aquel sádico era un animal de costumbres fijas. No hubo un solo día que me diera un respiro. Yo ya había cumplido los trece, había desarrollado pecho y mi cuerpo no tenía nada que ver físicamente con el de la niña a la que aquel depredador empezó a violar cuando apenas tenía cinco añitos. Pero a él le daba igual cinco que ocho que trece. El caso era amargarme la existencia.

Sin embargo, poco antes de que nos marchásemos oí como mi madre y mi tía quedaban para ir de compras al día siguiente a unos grandes almacenes. «¿Tú también vendrás?», le preguntó mi madre a mi tío. «No, tengo cosas que hacer en casa», contestó él. Fue entonces cuando se me encendió una lucecita. Hacía tiempo que la idea rondaba por mi cabeza, prácticamente desde que aquel chico me dio mi primer beso, pero no me atreví nunca a ponerla en práctica, dándome como excusa para no hacerlo que no se me presentaba el momento oportuno.

De camino a casa fui urdiendo mi plan. Mañana iba a ser un gran día, un día clave para mi futuro. Nada podía fallar, no me echaría atrás. Mi madre había quedado con mi tía justo a la misma hora que yo salía del colegio y tenían que desplazarse hasta el centro de la ciudad. Entre una cosa y otra, calculé que mi tía estaría fuera de su casa unas tres horas, tiempo más que suficiente para poner en funcionamiento mi estrategia y obtener los objetivos que me había marcado.

Aprovechando que él estaba solo, me iba a presentar en casa de mis tíos. Confiaba en que no mintiera cuando dijo que se quedaba en casa y estuviera allí cuando yo llegara. Desde luego, no iba a regalarle los oídos diciéndole que me presentaba allí por él, para estar con él a solas. Me conocía bien y sabía que recelaría de mi presencia porque esas palabras era imposible que salieran de mi boca. No. Le diría que ayer me dejé una libreta en la que tenía unos trabajos que debía entregar sin falta al día siguiente.

Yo ya era una mujercita, había empezado a menstruar y me había crecido vello en el pubis. La decisión estaba tomada. Mi tío no iba a robarme mi adolescencia ni mis ilusiones ni mi sexualidad. Había decidido que todo ello lo iba a vivir libremente, como correspondía a una chica de mi edad; con sus pros y sus contras, pero sin él, sin sus horribles vejaciones, sin sus amenazas. Y estaba completamente dispuesta. Había tomado conciencia del peligro que corría mi futuro si no acababa con aquella situación de una vez por todas y lo que menos me importaba era el modo en que iba a cortarla. Durante meses fui tomando conciencia de que, en casos como el mío, el fin (como suele decirse) justificaría el uso de cualquier medio para obtener el resultado deseado.

Me armé de valor, asumí lo que iba a hacer y eché a andar. Plantada ante la puerta de la que para mí fue «la casa de los horrores» durante largos e interminables años, sabía que en cuanto pulsara el timbre no habría vuelta atrás y que el resultado obtenido podía no corresponderse con el que buscaba, con graves consecuencias para mi persona. Pero recular estaba totalmente descartado.

Y di el paso. Pulsé el timbre. Su sonido indicó el inicio de la carrera. Debía llegar a la meta venciendo. No podía perder. Mi futuro, en concreto, era lo que estaba en juego. Un futuro sin la presencia de aquel monstruo, de sus asquerosos dedos, de su repulsiva boca, de sus genitales en mi mano.

No pudo ocultar su sorpresa al verme. Le comenté lo de la libreta, que la necesitaba y que venía a por ella. Se le iluminó el rostro. Por primera vez en muchos años iba a estar solo conmigo en su casa y con tiempo por delante para torturarme a placer.

Nada más cerrar la puerta se abalanzó sobre mí. La delicadeza nunca fue su fuerte. Me escabullí como pude y me dirigí hacia la cocina. Sobre uno de los mármoles mi tía tenía a la vista un juego de cuchillos, alguno de ellos de grandes dimensiones. Estaba convencida de que mi tío me seguiría y así lo hizo. Ahora era yo la que no podía vacilar, la que tenía que sacar de donde fuera la fuerza suficiente para hacer lo que tenía pensado. Y no dudé.

Me coloqué justo al lado de los cuchillos y esperé a tenerlo cerca. Cuando lo tuve encima, cogí uno de ellos y se lo puse en el cuello, debajo de la barbilla, presionando levemente con la punta sin causarle herida, pero lo bastante como para hacerle entender que con solo apretar un poco más le hacía un destrozo que le llevaría a la tumba.

«¡No volverás a tocarme jamás, viejo asqueroso!», le grité. «¿Me oyes bien? ¡Nunca más! ¡Juro que te mataré si lo intentas! ¡Juro que lo haré! Dime, ¿te ha quedado claro? ¿Te ha quedado claro?». ¡Por fin me desahogaba! ¡Por fin sacaba toda la rabia que llevaba dentro!

Y ahí estaba él, inmóvil, con un enorme cuchillo presionándole el cuello, sin capacidad de reacción, luciendo y derrochando cobardía por todas partes. Me juró que no lo volvería a hacer. Me lo juró una y otra vez durante los dos minutos que tuvo el cuchillo amenazando su garganta; dos minutos que se le debieron de hacer eternos, dos minutos que sirvieron para convertir a aquel depredador en un saco de lamentos.

Le escupí en la cara y me fui con el cuchillo hasta la puerta de entrada. En realidad, no me hacía falta porque él se había quedado en la cocina, recuperándose del susto. Abrí la puerta, dejé el cuchillo en el suelo y tomé el camino de regreso a casa. Estaba eufórica. Lo había conseguido. Tal y como había dejado a mi tío en la cocina, su imagen de hombre totalmente derrotado me daba la seguridad de que no se trataba de una victoria parcial. Que no había ganado una batalla. Que, planteándolo en términos militares, había ganado la guerra.

Os preguntaréis, seguro que lo haréis, qué habría hecho yo en aquellos momentos si mi violador se hubiera resistido, no hubiera tomado en serio mis amenazas y hubiera querido seguir con la criminal rutina de siempre. A lo mejor en el último segundo me lo hubiera pensado mejor y no habría hundido el cuchillo en su garganta, pero ya os digo que iba decidida a todo, que no me importaba ingresar en un reformatorio. Que había decidido que aquel desgraciado no volviera a tocarme y tenía muy asumidas las consecuencias que mis actos pudieran acarrearme. Tal vez no lo hubiera hecho, tal vez no…, pero no lo descartéis porque mi alteración emocional había llegado al límite, al «no aguanto más», a un «o él o yo» planteado en términos absolutos, taxativos.

No voy a decir que esa fuera la única solución ni tampoco la mejor. Que una chica de trece o catorce años le ponga a alguien un cuchillo en el cuello no es ni normal ni aconsejable. Es más, de ningún modo aconsejo que ese sea el camino que seguir.

¿Qué es lo ideal cuando se da una situación de este tipo? Lo ideal es poder confiar en alguien, en los padres a ser posible. Contarlo. Ocurre, generalmente, que los tocamientos comienzan a edades muy tempranas, en las que las niñas (o los niños) no sabemos ni podemos distinguir el abuso del cariño.

Luego todo es una rueda en la que la bola se va haciendo cada vez más grande. Y se sufre. Se sufre lo indecible, lo inimaginable. Un dolor que se arrastra en silencio, sin compartirlo con nadie, que no desaparece cuando cesa el abuso, que te atormenta durante años, que precisa, en muchos casos, de ayuda especializada para mitigar sus efectos.

¿Fue entonces correcta mi decisión? Lo digo de nuevo: tal vez no. Pero cuando la situación te sobrepasa, cuando piensas que no tienes a quien acudir porque no lo hiciste en su momento, cuando temes el rechazo de la gente a quien quieres y en quien confías, cuando nadie te asegura que tu denuncia vaya a llegar a buen puerto (téngase presente que en aquella época no había ni por asomo la sensibilidad que existe hoy en medios judiciales) y, en definitiva, cuando confluyen todos estos elementos negativos la situación es muy complicada para quien es víctima de abusos y violaciones.

Solo puedo decir que no me arrepiento.

www.ingramcontent.com/pod-product-compliance
Lightning Source LLC
LaVergne TN
LVHW041228200726
843507LV00013B/2619